VITALISME

PAR

S. FABER

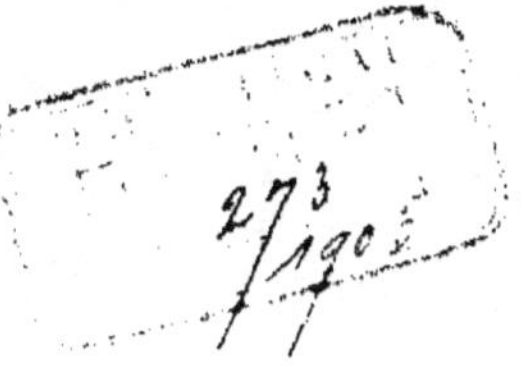

VITALISME

PAR

S. FABER

Prix : **1** franc

VITALISME

VITALISME

PAR

S. FABER

Prix : **1** Franc

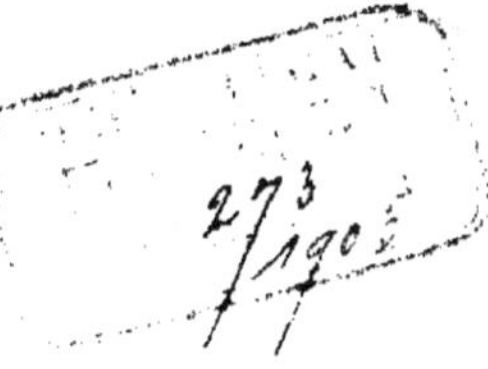

INTRODUCTION

Le Vitalisme, dont ce livre a pour but de formuler quelques lois, a plus fait pour l'humanité que toutes les autres écoles.

« Ceux qui n'ont pas obtenu le succès complet qu'ils demandaient au Vitalisme n'en ont pas suivi exactement les principes. »

« Quiconque, médecin ou autre, voudra faire œuvre d'humanité, aura pour guide la droiture et devra reconnaître son impuissance lorsqu'elle se manifestera par l'insuccès. »

« Le diplôme de médecin ne donne qu'un droit et non pas un pouvoir. »

« Le pouvoir de guérir est d'essence divine.

Que ceux qui nient Dieu ne se chargent pas de le remplacer, mais se souviennent que la vanité est l'ennemie de la saine raison. »

« Le médecin qui n'a pas la foi est incapable de pratiquer le Vitalisme. »

Il ressort de ces aphorismes tirés des ouvrages de Grotius, notre premier maître, que le Vitalisme est un sacerdoce, qu'il doit être pratiqué par des apôtres dont l'unique ambition sera la guérison de ceux qui souffrent.

Jusqu'à ce jour, le Vitalisme n'a été employé que dans les maladies chroniques pour lesquelles la médecine ordinaire n'avait rien pu faire. Ce sont des malades abandonnés après l'essai de tous les remèdes que le Vitalisme guérit.

Aveuglés par la routine, les médecins et les sceptiques de toutes sortes ne veulent pas reconnaître qu'en dehors des lois naturelles il ne saurait y avoir d'homogénéité avec les besoins de l'économie humaine. Ceux-là se croient des forts parce qu'ils suivent en foule les errements que le temps semble avoir consacrés : formules empiriques et pratiques

illogiques instituées sans souci des vrais besoins de l'organisme.

Aujourd'hui, le Vitalisme n'a plus qu'un
pas à faire, pour prendre la place qu'il mérite
dans la science. Depuis longtemps déjà, un
de ses agents, l'électricité, est employé en
thérapeutique. Après avoir boudé ses promo-
teurs, on lui a demandé des miracles ; c'est plus
qu'il ne peut donner. Le magnétisme, qui a
eu son heure de curiosité, a été déconsidéré
par les pratiques de farceurs et d'imposteurs ;
il est devenu une amusette. Comme il consti-
tuait une puissance entre des mains expertes,
et qu'il eût pu devenir un élément de concurrence pour les officiels, on s'est empressé de
le ridiculiser et de l'écarter systématique-
ment. Les autres agents qui constituent nos
moyens d'action ont eu à peine les honneurs
de l'expérience ; la lumière a tenté quelques
savants, mais les routiniers ont fermé les yeux,
pour n'être pas éblouis sans doute.

Quant au Via, il est trop subtil pour en-
trer dans toutes les pratiques. Il faut un
certain degré d'initiation dans les choses de
l'Au-delà pour le comprendre et faire œuvre

vraiment utile dans les maladies psychiques.

Peu nous importent les détracteurs, les esprits forts avec leurs fanfaronnades et leur parti pris ; nous marchons dans la voie que nos devanciers nous ont tracée, forts de leurs expériences et encouragés par nos propres succès. Nous espérons que ce petit livre, qui explique succinctement notre belle méthode, sera utile à tous ceux qui souffrent, en propageant les doctrines vitalistes.

E. DE MONPLAISIR.

CHAPITRE PREMIER

Le Vitalisme est tout entier dans la notion des *ambiances*. Par ce mot ambiances, il faut comprendre l'atmosphère qui nous entoure, dont les éléments divers impressionnent nos organes des sens, et aussi les influences encore inexpliquées, invisibles, impondérables, impalpables qui sont du domaine du *Via*.

Les ambiances sont faites de toutes les énergies vitales ; elles sont le résultat des transformations incessantes de la matière. La matière vivante vibre en effet sans arrêt : elle exhale sa force par rayonnement et la propage par ondes. Les plus récentes découvertes de la science tendent à établir, de plus en plus, que la matière est une, que tout dans la nature est le fait de ses vibrations. Le son, la lumière, la chaleur, l'électricité, le magnétisme n'en sont que des modes divers. Ce sont nos organes qui les dissocient en les recueillant : l'oreille sous forme de son, l'œil sous forme de lumière, la peau sous forme de chaleur ou d'impression tactile ; de même la bouche perçoit des saveurs et le nez des odeurs. Discuter comment ces impressions reçues sont transformées pour donner des sensations, serait du domaine de la physiologie pure. Nous constatons seulement que c'est dans l'atmosphère, dans les ambiances. que notre organisme les prend, et nous allons voir que les faits sont bien établis qui démontrent jusqu'à l'évidence les conclusions vitalistes.

Il y a dans les ambiances des facteurs très importants qui ne tombent pas sous nos sens parce que leur longueur d'ondes, autrement dit leur vitesse de vibration, n'est pas perceptible, qu'elle soit trop lente ou trop rapide pour impressionner les cellules nerveuses. A la limite des sons graves par exemple, l'oreille perçoit, non plus un son, mais une série de chocs ; une odeur trop intense produit aussi un choc sur la muqueuse nasale, qui peut amener même l'évanouissement et non plus une sensation d'odeur. Il existe une limite où les différences de température ·

ne sont plus appréciables, où le froid et le chaud produisent le même effet sur la peau : la douleur.

La lumière du soleil est formée d'éléments colorés qui ont des vitesses vibratoires différentes produisant les couleurs du spectre. A la limite du rouge extrême, il y a des rayons très chauds, et au delà du violet extrême, les réactions chimiques sont très violentes ; l'œil ne perçoit pourtant plus les unes ni les autres, alors que l'expérience démontre leur existence.

Ce qui est vrai pour les sensations est vrai pour tous les échanges.

Ces différentes limites sont d'ailleurs absolument relatives. Par suite de disposition naturelle ou de faculté acquise par entraînement spécial, un quelconque des sens peut être aiguisé. Le facteur personnel prend alors une importance telle que tous les degrés peuvent exister entre l'aveugle qui ne voit absolument rien et le sujet doué de la vue la plus perçante et même de double vue. Pour un œil normal deux causes éloignent la limite de la vision distincte : la distance et l'opacité des corps interposés. Or, il n'est pas douteux que certains malades ou certaines natures, à la faveur d'une hypnose spontanée ou provoquée, arrivent à voir nettement à de grandes distances, à travers un mur et même à des centaines de lieues.

Qu'en conclure? sinon qu'il est au moins prématuré de vouloir fixer des règles, et illogique de nier que la matière vivante vibre dans tous les sens, et que les conditions des échanges varient, non seulement avec chaque individu, mais pour le même individu avec ses différents états. Nous nous étendrons à propos du Via sur ces questions d'un intérêt majeur.

Nous concevons déjà que de pareilles variations dans la sensibilité de nos organes, puissent nous donner des sensations bien diverses. Cette variabilité a dérouté les penseurs de tous les temps, à un tel point que certains philosophes en sont arrivés à dire que tout est illusion de nos sens et que la matière n'existe pas.

Nous n'admettons pas une pareille déduction. Dès lors qu'il y a impression, il y a une cause impressionnante. A défaut d'autres certitudes, la simple constatation que le malade (puisqu'il s'agira ici de malades) fait de sa souffrance, suffit amplement à lui prou-

ver que tout n'est pas illusion, car il trouve
en lui-même, comme Descartes, la raison
suffisante quand il dit : « Je souffre, donc je
suis. »

Cette souffrance est précisément un signe
sensible de la maladie. C'est, comme la
fièvre, le résultat de la lutte de l'organisme
contre l'infection. Les cas où une infection
se produit amenant la mort, sans réaction,
douleur, ni fièvre, comme chez le vieillard
par exemple, sont une preuve encore de ce
fait. Le vieillard a usé sa résistance ; l'appel
de la nature aux soldats de défense, aux
cellules réparatrices, n'est pas entendu : la
douleur n'existe pas. Il n'y a pas de lutte,
pas de fièvre, et le vieillard s'éteint comme
une lampe qui manque d'huile.

Tout autre est le cas d'un enfant bien por-
tant qu'une maladie aiguë, comme une fièvre
éruptive, prend au milieu de ses jeux. En
quelques instants il est changé, il devient
triste, il s'agite, il crie, sa température
atteint 40° à 41°; quelquefois même les con-
vulsions surviennent avant que la fièvre
ait eu le temps de monter. Ces symptômes
inquiétants sont des signes de lutte. Mais,
comme la nature a mis dans ce petit être,

en vue des luttes futures, une grande somme
d'énergie, c'est la résistance qui triomphe ; en
quelques jours, tout rentre dans l'ordre et
l'enfant revient à ses jeux. Tout est réparé.

Comment s'est fait la réparation ?

Il faut savoir d'abord comment fonctionne
un être organisé d'une façon générale et
comment il se comporte dans la lutte pour
la vie.

Tous les êtres vivants baignent et se meu-
vent dans les ambiances. Plus ils sont élevés
dans l'échelle animale, plus leur structure
est complexe et plus les échanges qui constituent leur vie sont variés. L'homme, qui
occupe sur notre planète la première place,
possède aussi l'organisme le plus compliqué.
Pour y voir clair dans sa nosologie, nous
devrons l'étudier d'abord en état d'équilibre,
en état de santé.

La trame du corps humain, son *substra-
tum*, est composée de cellules, différenciées
en vue de fonctions variées, et accomplis-
sant à une place fixe leur travail particulier.
Ce sont les sommes de travail de ces *cellules
fixes* qui font mouvoir la machine humaine,
et l'ensemble de ces cellules constitue la
résistance, qui s'alimente par la nutrition.

Tout travail est une dépense : l'organisme doit donc trouver en dehors de lui-même des forces réparatrices. Il trouve ces forces d'une part dans les aliments et d'autre part dans les ambiances.

Ce sont d'autres cellules, *migratrices* celles-là, qui prennent dans les ambiances les éléments de réparation et, soit qu'elles les transforment, soit qu'elles les véhiculent simplement (on ne saisit pas ce chimisme intime moléculaire), les apportent aux cellules fixes au fur et à mesure des besoins. L'homme en bonne santé, que nous avons pris pour exemple, équilibrant constamment la dépense de la résistance par l'apport des cellules migratrices, ne pourrait jamais être malade, puisqu'il y aurait réparation totale et qu'il vivrait théoriquement en état d'équilibre parfait. En principe, cet homme, équilibré au sens vitaliste, reculerait les limites de sa vie dans des proportions inusitées. Chaque jour cependant amène un peu d'usure, le fonctionnement même de la machine humaine enlevant aujourd'hui une partie de la résistance que présentait la veille cet homme équilibré, mais une partie seulement. Que l'apport régulier des éléments réparateurs réglémentés par le Via réduise cette perte journalière autant qu'il est possible, et on aura un minimum d'usure et une vie indéfinie.

Le mal est que l'atmosphère, qui contient les ambiances réparatrices, contient aussi des germes morbides et des influences néfastes, contre lesquels l'organisme doit lutter continuellement. C'est dans cette lutte que l'homme dépense son énergie vitale. Celle-ci vient-elle à faiblir, c'est le déséquilibre, c'est-à-dire la maladie. Donc, le but raisonnable du vitalisme n'est pas d'empêcher de mourir, mais de régler les échanges et de donner une survie d'un temps appréciable ; c'est, enfin, d'entretenir l'être humain en équilibre, c'est-à-dire en santé pendant toute la vie.

Les découvertes de Pasteur qui ont fait connaître le monde des infiniment petits ont donné lieu à des interprétations que le maître n'avait certainement pas prévues dans ses conceptions géniales. La chirurgie moderne leur doit l'asepsie, qui a permis de réaliser les progrès fantastiques de ces dernières années ; ces progrès sont le résultat de recherches et d'applications faites dans l'esprit du maître. Tout autres sont les modifications apportées dans la thérapeutique par les médecins, au nom de ces mêmes théories pasteuriennes.

La multiplicité de formes et de propriétés des microbes pathogènes qui empoisonnent notre atmosphère et menacent notre pauvre machine humaine, nous interdit de concevoir la possibilité d'établir une défense contre chaque variété de ces infiniment petits. C'est pourtant ce qu'on prétend obtenir avec les sérums et les vaccins. De ce que l'immunité est assez longue contre la variole avec le vaccin de Jenner ; de ce que le sérum de Roux neutralise dans la plupart des cas l'infection diphtérique, on conclut que chaque germe infectant doit avoir son vaccin ou son sérum. On n'a pas le droit, en bonne logique, de conclure ainsi du particulier au général. Conformément à ces principes, l'enfant, dès la naissance, devrait recevoir tous les sérums immunisants en admettant qu'on les trouve. Il est bien certain que l'emploi de ces sérums ne peut être que dangereux, puisque c'est l'inoculation certaine et directe d'une maladie, antagoniste d'une autre qui est problématique. Tout le monde ne prend pas la variole en effet, et bien des gens vivent

sans avoir jamais eu la diphtérie. N'y a-t-il
donc pas de moyen plus simple pour mettre
tous ces germes morbides hors d'état de
nuire ? Le moyen simple, c'est de fortifier le
terrain. Il n'y a pas d'infection possible
quand la résistance est préparée pour la
lutte. La vitalité des tissus normaux, des
cellules qui composent cette résistance, doit
être entretenue et ravitaillée par les ambiances utiles, pour que l'organisme puisse
conserver son équilibre. Tel est le but des
soins vitalistes.

Le temps est venu de se dégager du fatras
des pharmacopées, des systèmes médicaux
qui représentent un travail méthodique considérable, certes, mais dont le mode d'ac-
croissement, forcément lent de par la routine officielle, ne correspond plus aux données scientifiques. Il y a vraiment trop
d'écart entre le niveau où les thérapeutes
amis des drogues ont mis l'art de guérir, et
les données actuelles de la science. Plus de
médecine de symptômes ; envisageons les
choses de plus haut et recherchons les
causes mêmes des maladies.

L'équilibre, l'état de santé de l'homme
sain peut être rompu de deux façons. Ou

bien l'apport de la nutrition et des ambiances excédera la dépense de l'organisme ; ou bien la dépense sera plus forte que cet apport. L'un et l'autre cas amènent fatalement une maladie.

On pourrait croire à première vue que la résistance, recevant des cellules migratrices un surcroît d'éléments réparateurs, en fera des provisions et qu'elle s'enrichira d'autant. Il n'en est rien. Tout ce qui n'est pas consommé fait des déchets, de l'encombrement. C'est d'abord de la pléthore ou de l'engraissement qu'une alimentation ou un exercice raisonnés suffit à faire disparaître, s'ils ne sont pas de trop ancienne date. Ce n'est pas encore une vraie maladie : c'est même un fait physiologique pour certains animaux hibernants, qui vivent l'hiver de leur réserve de graisse, sans prendre aucune nourriture.

Tout différent est le cas des obèses qui ne mangent pas d'une façon exagérée. Certains même prennent un embonpoint énorme en mangeant très peu : ceux-là font de la dégénérescence graisseuse. Ce sont des arthritiques atteints de ralentissement de la nutrition. Ils sont légion. Les diabétiques,

les albuminuriques, goutteux, graveleux ;
les rhumatisants de toutes sortes ; la moitié
au moins des malades atteints d'affection
cutanée ou des voies urinaires ; tous les
neurasthéniques sans exception ; beaucoup
de paralytiques ; presque tous les malades à
circulation sanguine défectueuse par le fait
du cœur ou des vaisseaux, rentrent dans la
classe des arthritiques. Voici pour quelle
cause unique des symptômes si divers peuvent se produire : ces malades n'assimilent
qu'une partie de ce qu'ils prennent ; le reste
ne sert qu'à empoisonner l'organisme. S'ils
mangent peu, ils font naturellement peu de
déchets, mais ils s'anémient étant insuffi-
samment nourris ; ils deviennent par là même
une proie facile pour tous les germes infec-
tieux, qui trouvent la résistance amoindrie
et en état de réceptivité morbide. S'ils
mangent beaucoup, ils font beaucoup de
déchets, et ils s'empoisonnent gravement.
Leur sang charrie les résidus de ces combustions incomplètes, donnant lieu à des dé-
pôts et sédiments de toutes sortes, dans les
reins, la vessie, les voies biliaires, les articu-
lations. La sclérose des artères, les dilata-
tions veineuses, les digestions pénibles con-

sécutives, donnent au cœur un travail exagéré. Le cerveau et la moelle, mal irrigués,
ne fonctionnent plus ; de là les migraines,
les céphalées et les troubles profonds de
toutes les fonctions de la vie organique et
de relation. C'est évidemment à une cause
d'origine centrale due à ces empoisonne-
ments, qu'il faut attribuer aussi les symptômes de dyspnée des asthmatiques, les
bronchites par congestion, l'emphysème et
les catarrhes si fréquents chez les ralentis
de la nutrition. La fréquence des tumeurs
de toutes sortes chez les arthritiques a été
remarquée de tous temps. On sait pertinem-
ment aujourd'hui que les pires états peuvent
se greffer sur ce terrain.

Dans le cas contraire, où les fonctions
des cellules migratrices sont insuffisantes,
c'est-à-dire lorsque les éléments réparateurs
n'arrivent plus à la résistance en quantité
suffisante pour réparer ses pertes, il y a dénutrition. Ici, ce ne sont plus les déchets
qui font dégénérer en graisse les cellules
normales, qui les transforment en sucre ou
en albumine ; c'est au détriment des cellules
fixes elles-mêmes que la vie est entretenue.
L'organisme s'alimente de ses tissus nor-

maux : d'où amaigrissement et affaiblissement progressifs, dont le dernier terme
serait la mort par inanition, fait rare d'ailleurs, car le malade est toujours emporté
par une maladie intercurrente.

Toutes les maladies infectieuses aiguës,
en épuisant le malade par une lutte plus ou
moins violente, amènent cet état d'inferio-
rité ; aussi voit-on la convalescence, qui est
la période de réparation naturelle après
cette lutte, se prolonger quelquefois indéfiniment. Le malade ne se relève pas, soit que
l'empoisonnement par les germes morbides
se continue sourdement, donnant lieu à des
rechutes toujours plus graves, puisque la
résistance est affaiblie déjà par un premier
effort ; soit que d'autres germes, profitant
de ce mauvais état, ne causent des complications par infections secondaires. Tous
ceux qui ont vu des malades, qui savent
combien les convalescents doivent être sur-
veillés, se rendront compte que tout ceci est
clair comme le jour, indéniable.

C'est ainsi que la tuberculose s'installe à
la suite d'une bronchite aiguë, d'une pneu-
monie, d'une fièvre typhoïde et, se déve-
loppant à l'aise, fait des progrès effrayants.

Il n'est pas toujours besoin malheureuse-
ment d'une maladie aiguë pour préparer le
terrain à ce fléau. Les fatigues répétées, les
privations, la mauvaise hygiène, les cha-
grins, toutes les causes débilitantes, qui
amoindrissent l'énergie physique et morale,
sont des facteurs de tuberculose.

Pourquoi les uns se relèvent-ils alors que
les autres succombent ? Ceux qui se relèvent
d'eux-mêmes ont été assez peu touchés :
leur résistance naturelle considérable a pu
profiter d'une nutrition suffisante et d'ambiances excellentes. Avec la bonne nourriture, le grand air et le soleil, qui sont des
agents vitalistes de premier ordre, la réparation s'est faite. Un degré de plus dans l'infection, et le même malade dans les mêmes
bonnes conditions d'ambiances ne pourrait,
de lui-même, se remonter. Ce n'est pas que
le soleil, l'air et les bons soins ont moins de
valeur ; mais ses cellules migratrices, usées
ou sidérées, ne peuvent plus s'imprégner de
ces bonnes ambiances : elles faillissent à
leurs fonctions.

C'est ici que devient nécessaire la connaissance du Via pour comprendre ce qu'est
la vitalité des êtres. Les observateurs de

tous les temps ont remarqué que cette vitalité n'est pas liée forcément à l'aspect extérieur de bonne santé. On voit des malingres, des souffreteux, qui paraissent aux portes de la mort, prolonger indéfiniment la lutte en dépit de toutes les probabilités et des pronostics des médecins les plus sûrs de leur science. Une expression populaire rend bien la chose : on dit qu'ils ont l'âme chevillée au corps. Le mot est parfaitement juste, et la chose est si vraie, qu'on ne doit jamais désespérer, même quand il paraît n'y avoir plus d'espoir. Nous entrons maintenant dans quelques considérations de détail sur le Via indispensables à l'intelligence de ces choses.

CHAPITRE II

Une définition ne saurait faire comprendre ce qu'est le Via. On s'en fera une idée nette seulement en étudiant ses fonctions. C'est lui qui relie à la matière de notre corps le principe vital, que les spiritualistes appellent l'âme d'essence divine, et que les matérialistes localisent dans les centres supérieurs du cerveau. On entrevoit de suite quelles sont les conséquences de cette notion du Via, et combien subtile est son étude. Pour le connaître, il faut avoir soulevé un coin du voile de l'Au-delà. Pour mettre en lumière la façon dont certains faits, non douteux quoique inexplicables, sont liés à l'être humain ; pour savoir, en un mot, le pourquoi et le comment des extériorisations, il faut s'être avancé hardiment sur le chemin plein de dangers qu'est le domaine du merveilleux, s'y être engagé sans idées préconçues, ayant pour guide l'ardent désir de savoir, et la froide raison pour boussole.

Laissant de côté dans cette étude tous les phénomènes médiumniques, nous établirons seulement les relations qui existent entre le sommeil profond et ces phénomènes, car ils sont des fonctions du Via ; mais, comme nous parlons ici en médecins plus qu'en philosophes, nous nous attacherons à démontrer son importance dans la pathologie.

Le sommeil est un état dans lequel la cérébration volontaire est réduite à son minimum, tandis que la vie de nutrition se manifeste par un maximum des échanges qui font la réparation. Lorsque cette réparation est parfaite, l'homme qui s'est endormi fatigué de son travail se réveille dispos, ayant emmagasiné de nouvelles forces. L'intellectuel se retrouve au matin avec des idées nettes : ses cellules cérébrales rajeunies lui donnent une acuité de pensée nouvelle, tandis que le manœuvre sent ses muscles tonifiés, prêts à refaire leur travail de la veille. Les éléments de réparation se trouvaient dans les produits de la digestion d'une part, et dans les ambiances d'autre part. C'est le facteur Via qui a présidé à leur transformation, en les coordonnant, les orientant, en les adaptant, en un mot, à leur nouveau milieu en vue de fonctions nouvelles et précises. Tant que le facteur Via réglera ainsi judicieusement les ambiances et les réserves chez ce manœuvre et chez cet intellectuel dont nous parlons, l'un et l'autre jouiront de leur dynamisme intégral et resteront bien portants.

Il est à remarquer que les animaux livrés à eux-mêmes à l'état sauvage vivent leur âge, toujours le même pour la même espèce. Seuls, les accidents (la lutte pour la vie) viennent modifier cette règle. La raison en est que le Via des bêtes est en rapport avec leur cérébration rudimentaire. Leurs échanges se font toujours parce que leur sommeil est toujours réparateur : ils ne se dépensent pas inutilement pendant qu'ils dorment, parce que leur Via ne fait pas d'incursions dans l'Au-delà, tandis que, chez l'homme, on peut dire qu'il s'y perd et s'y dépense, au détriment de l'équilibre, d'autant plus que son organisation cérébrale est plus élevée.

Nous abordons ici la question de la cérébration involontaire, caractérisée par les rêves, les hallucinations, les différents accidents du sommeil, avec ou sans extériorisation des forces, que le Via seul peut expliquer.

Ces accidents du sommeil peuvent être des
autosuggestions données dans un but d'expériences. Expérimentalement, on peut pousser
très loin les hypnoses, jusqu'au détachement
complet du Via des cellules matérielles : c'est
la syncope définitive, la mort.

Entre l'état de veille et cette dernière
limite, il y a tous les degrés. Les états hypnotiques, classiques depuis les travaux du
professeur Charcot, ont été établis arbitrairement après examen d'un certain nombre
de malades, et, pour les besoins d'un enseignement plein d'erreurs sur ce point particulier : la léthargie, la catalepsie, le sommeil magnétique, sont des états provoqués
ou spontanés différents les uns des autres,
mais qui n'ont pas de place fixe les uns par
rapport aux autres dans les différentes couches de l'Inconscient.

Il importe aussi de dégager les faits simples en eux-mêmes de tout le fatras de la
pseudo-magie. Les formules et les rites en
effet, comme les bons instruments de mu-

sique, n'ont de valeur qu'entre les mains des artistes qui savent s'en servir. Il n'y a pas d'école où l'on puisse s'instruire de cette haute science, depuis que l'incendie de la bibliothèque d'Alexandrie a détruit tout ce qu'avaient laissé les écoles philosophiques des civilisations antérieures. Les derniers dépositaires de la vérité ne font pas d'élèves ; ils sont réfugiés sur les hauteurs inaccessibles de l'Himalaya. Ils ont l'explication des grands mystères. La gloire de la Divinité dont ils tiennent la puissance ne les éblouit pas, parce qu'ils ont été initiés par degrés. Quel temps faut-il, quel entraînement ancestral, pour pouvoir soutenir, face à face, la gloire de Brahma ou de Jéhovah? car, de quelque nom qu'on le nomme, c'est toujours Dieu la toute-puissance. Mystère !

Celui qui part de l'ignorance absolue, fera peu de chemin sur la route de la vérité sans Maître et livré à ses propres forces, à moins d'être doué particulièrement et guidé par l'étincelle divine, car il n'est pas douteux qu'il y ait des grâces d'état. Ceux qui se contentent de gestes dont ils ne connaissent pas la portée, de mots et de symboles dont ils ignorent la vraie signification, nous font l’effet du singe de l’alchimiste. Les écrits dénués de sens qu’on publie de temps en temps sur l’occultisme, prouvent que les auteurs, bien loin d’être des initiés, se sont toujours arrêtés à regarder des emblèmes et n’ont jamais franchi la porte. On peut leur mettre entre les mains le marteau de Nicolas Flamel et ses formules, ils ne feront pas de l’or, pas plus qu’ils ne rendront la santé à un malade en disant comme le Christ : « Allez, votre foi vous a sauvé ! »

Mais poursuivons l’étude des phénomènes au point de vue médical.

Bien des gens ont des rêves presque toutes les nuits ; ils s’en souviennent au réveil plus ou moins vaguement. Ces rêves ont quelque rapport avec une chose vécue ou vue dans la précédente journée, souvent sans qu’on y prête attention. Cette impression est ordinairement déformée d’une façon grotesque ; cela ne les empêche pas de se réveiller reposés, parce que leur réparation s’est faite, leur cerveau étant facilement irrigué au niveau des cellules qui ont pris l’image de la journée. Ces rêves sont, pour ainsi dire, à fleur de conscient et n’ont rien de maladif.

Il n’en est plus de même quand les rêves

sont systématiques, c'est-à-dire quand une idée fixe sert de pivot à des cauchemars. Que le point de départ soit une forte secousse morale ou un chagrin dont la cause est incessante, alors même que l'activité ou les distractions de la journée ont pu la chasser, l'idée revient obsédante et maîtresse dès que la fatigue a provoqué le sommeil. Chaque nuit cette idée s'ancre davantage. Le malade a une seconde vie et la sensation pénible de vouloir fuir, se défendre, alors qu'il n'arrive qu'à s'agiter ; heureux quand il peut se réveiller. S'il n'y parvient pas, ses efforts se prolongent en luttes vaines : son cerveau veut et sa moelle n'obéit pas. Ce manque de concordance entre le cerveau et la moelle le tue. Au réveil, il est exténué. Il reconnaît à une courbature généralisée qu'il a lutté horriblement, mais il n'a déjà plus souvenir de son rêve : c'est que l'idée a envahi l'Inconscient. Il vit dans la journée désormais dédoublé ; sa personnalité de la nuit vit sous la sienne propre. Sa conscience et sa volonté sont tellement absorbées qu'il se rend compte jusqu'à un certain point de son dédoublement. Si c'est un homme instruit, il vous dira qu'il sent deux volontés

en lui, qu'il n'est plus son maître; si c'est
un ignorant, il se croit ensorcelé. Le fait est
qu'il est bien malade et que, faute d'être
secouru à temps, il mourra exténué ou per-
dra la raison, s'il ne finit avant par le sui-
cide.

A quels signes verra-t-on qu'il faut inter-
venir? Le médecin, consulté au début, à la
période d'agitation, donne toujours l'inévi-
table bromure. Or, les bromures n'ont aucune influence sur les états psychiques. C'est
même grâce à leur action déprimante sur la
volonté, que les idées inconscientes gagnent
du champ avec plus de vitesse. Le bromure est
un médicament absolument néfaste, et généralement employé sans discernement chez
les nerveux.

Bien loin de calmer, il excite leur cœur,
qui bat d'une façon de plus en plus désor-
donnée. La fatigue nocturne s'accentue, amenant à sa suite la gastralgie, la céphalalgie,
le dégoût des aliments et toute la série des
misères physiologiques par dénutrition.

Pour y voir clair dans ces cas complexes, à
la période utile, il faut avoir étudié le Via.
De même qu'un praticien reconnaît une lésion
du cœur à l'auscultation, le médecin vitaliste

doit dépister l'erreur du Via qui cause l'idée
fixe, point de départ de tant de maladies
mentales. On acquiert, par des études sui-
vies, ce sens spécial qui permet de soigner
une plaie morale et de rendre le calme avec
la vie à des désespérés.

Les neurasthéniques rentrent dans la caté-
gorie des malades dont nous venons de parler. Ce sont des faibles, des prédisposés de
par leurs antécédents arthritiques. La science
officielle les appelle des neuro-arthritiques,
pour bien marquer que le manque de résistance de leur système nerveux est lié à une
diathèse, et une conséquenc de leur hérédité.
A notre époque, il faut vivre rapidement,
faire vite sa fortune ; la lutte pour la vie est
âpre, et beaucoup assument une tâche trop
lourde pour leurs épaules : c'est le surmenage physique et intellectuel. Le cerveau
surchauffé commande encore alors que la
moelle n'obéit plus ; et devant cette constatation d'impuissance, toute énergie disparaît.
Une des causes principales, c'est le déséquilibre de lapersonnalité, qui se manifeste par
des rêvasseries plus ou moins précises. De-
mandez à un neurasthénique avéré si son
sommeil est peuplé de cauchemars ? Tant

mieux pour lui s'il répond oui. Sinon, c'est que l'Inconscient est envahi et qu'il n'en a pas souvenir. Ce qu'il sait seulement, c'est que le jour le trouve plus meurtri et plus faible que quand il s'est couché. Chez lui, comme dans le cas précédent, les actes de la vie de nutrition se font mal parce que le Via faillit à ses fonctions.

Tous ceux-là sont des faibles qui subissent leur mal et s'envoûtent eux-mêmes, n'ayant pas les moyens de se défendre comme les forts, les équilibrés ; ou la faculté de déverser leur trop-plein autour d'eux comme ceux dont nous allons parler maintenant.

Il en est d'autres en effet, natures spéciales, douées de nervosité extrême qui, au lieu d'emmagasiner et de tourner pour ainsi dire contre eux-mêmes leurs forces, les extériorisent et peuvent produire autour d'eux, et même à de grandes distances, des phénomènes en apparence inexplicables et merveilleux. Ces phénomènes ne sont pas sous la dépendance de leur volonté, naturellement, puisqu'ils prennent naissance, au contraire, dans les couches profondes de l'Inconscient. Cette faculté d'extériorisation coïncide fréquemment avec des troubles hystériques ; mais il ne faudrait pas croire que des malades seuls peuvent les produire. On peut, en effet, les provoquer chez certaines natures et, par entraînement progressif, arriver même à atteindre, dans le sommeil provoqué, les couches les plus profondes de l'Inconscient et commander directement les phénomènes dits médiumniques. Il y a un point de repère, un signe physique extérieur de l'état médiumnique. Il est à remarquer, en effet, que l'anémie consécutive au jeûne, chez les cérébraux, produit des hallucinations d'abord, et des exaltations ensuite, qui donnent lieu à des extériorisations. La vie des saints et les procès de canonisations sont extrêmement instructifs à cet égard.

Y a-t-il une relation constante entre cet état d'anémie spéciale que donnent les jeûnes, les macérations et certaines maladies et les états médiumniques ? En d'autres termes, faut-il pousser l'hypnose au point extrême où le cœur s'arrête brusquement, où le visage devient couleur de cire et diaphane, pour toucher aux facultés médiumniques ? Pour notre part, il nous a fallu arriver jusque-là avec les sujets qui

nous ont servi pour nos expériences. Le réveil ramène, d'ailleurs, la santé normale.
Nous sommes sûrs que, par un exercice ré-
pété, le Via apprend à quitter la matière,
qu'il peut même conserver une forme du
corps plus ou moins précise, et donner lieu
à des apparitions. Mais dans ces sortes de
choses, comme il arrive toujours dans la nature, il y a des aptitudes spéciales, et tel
sujet qui fera plus facilement des apparitions
ne pourra faire des apports d'objets avec la
même facilité. En fin de compte, tous ces
phénomènes sont de même ordre.

Ici nous nous en tiendrons à l'étude des
malades, de ceux qui opèrent tout seuls par
autosuggestion et se fatiguent à des extériorisations stupides comme leurs rêves.

Nous devons distinguer entre le thauma-
turge qui commande et le sujet qui subit.
Le mage, sans connaître tous les mystères
(car il y a des degrés d'instruction dans
l'initiation), sait pourtant extérioriser sa
force par sa propre volonté, comme il peut
commander aussi les forces inconscientes
des êtres inférieurs à lui, qu'il a dressés
comme les brahmes dressent les fakirs.
Ceux-ci, par exemple, vont comme des frères

quêteurs, mendiant pour eux et leur culte,
mais non pour leurs maîtres qui n'en ont
pas besoin. L'un sait faire pousser une
plante en quelques heures ; l'autre sait
s'élever dans les airs, sans changer son poids
spécifique, comme les oiseaux, mais bien en
appliquant ses forces psychiques à élever et
soutenir sa propre masse. Ce sont là des
actes relativement simples. Plus instruit ou
mieux entraîné est celui qui, périodiquement, à certaines fêtes, est enterré en grande
pompe, tout vivant, après quelques jours de
jeûne. Il reste, d'abord, sous terre pendant
trois jours, puis un mois, un an... C'est
un entraînement méthodique pendant lequel
son Via apprend à quitter la matière comme
nous disions plus haut. Quand on le ramène
à la lumière, toujours au milieu d'une
affluence énorme et recueillie, le Via réin-
tègre le corps et reprend ses fonctions sans
à-coup, ramenant dans cet être en état de
mort apparente l'âme qui l'avait quitté momentanément. Est-ce que le Via avait aban-
donné totalement le corps ? Assurément
non, sans quoi c'eût été la mort définitive.
Il est resté, au contraire, en communion
avec le corps ; mais les échanges ont été

2.

réduits au minimum pendant tout le temps
du séjour sous la terre. Si le corps n'a rien
pris, il n'a presque rien dépensé non plus ; la
vie est restée latente. Tout cela a été réglé
par une volonté supérieure qui, dans ce cas
particulier, est celle du brahme instructeur.

Tout autre est le cas du malade livré à
son inconscient sans direction, ni instruction préalables. Il ne faudrait pas croire que,
chez ce malade, les manifestations de l'Inconscient ne peuvent se produire que pendant le
sommeil ; il apparaît aussi dans l'état de
veille, mais il n'en a pas conscience. C'est
au point que, le plus souvent, il est le premier effrayé des actes qu'il accomplit. Comme
il s'agit d'idée fixe, ce sont toujours les
mêmes objets qu'il déplace, toujours les
mêmes bruits qu'il produit. La question des
maisons hantées, entrevue à la lumière de
ces constatations, devient l'une des plus
claires et des plus simples du domaine dit
du merveilleux. Nous n'en parlons d'ailleurs
que pour montrer les méfaits du Via.

Il fut un temps où les manifestations de
cet ordre étaient classées en divines et dia-
boliques. On brûlait ceux que les exorcismes
n'avaient pas guéris ; on portait quelque-

fois sur les autels ceux qui, natures privilé-
giées, guidés par de nobles ambitions ou
s'inspirant d'idées religieuses directrices,
produisaient des miracles. Bien souvent
aussi, la sottise et l'ignorance des foules
ont dû envoyer au bûcher des malheureux
qui n'y étaient pour rien. Aujourd'hui on ne
brûle plus les possédés, et cette vérité ne
fait pas de doute pour les gens instruits,
que les grandes et belles natures sont ca-
pables de grandes choses, parce que le Via
leur fait des attaches plus solides et plus
nombreuses avec les principes immatériels;
et nous sommes pleins de respect et d'ad-
miration pour ces hommes-là. Mais nous
sommes sûrs aussi que les exorcismes n'ont
plus de pouvoir sur les possédés, sur les
pauvres malades, parce que les exorcistes se
servent d'une formule sans la comprendre
et sans avoir la foi. Nous avons la foi, nous
vitalistes, parce que nous savons, et notre
action est médicatrice.

Nous avons parlé jusqu'ici des maladies
psychiques sans lésion du système nerveux;
mais il y a une relation si étroite entre la
mentalité d'un homme et l'état de ses organes
que, si le corps est en souffrance, l'âme

aussi doit souffrir. Toute lésion du corps doit frapper l'âme, non pas d'une lésion de même ordre, mais d'une façon proportionnelle. Qu'il se produise une hémorragie cérébrale? un certain territoire du cerveau se trouvera oblitéré et cessera de fonctionner. Plus ce territoire sera grand, plus l'âme souffrira en raison des difficultés plus grandes qu'elle aura à se manifester. L'hémiplégique pense, mais il ne peut exprimer sa pensée : les muscles volontaires de la langue lui refusant tout service. Est-ce que son âme est lésée, amoindrie aussi ? Non, l'âme est indivisible et inattaquable dans son essence ; l'hémorragie cérébrale a seulement supprimé la communication entre les centres qu'elle commande et les parties paralysées. L'âme se manifeste encore par des signes non équivoques de volonté, d'abattement, de tristesse ou d'agitation dans les parties du visage et dans les membres restés sains. Qui renouera ces fils de transmission entre l'âme volontaire et le corps ? Le Via. C'est le Via qui procède aux réparations, qui fera, s'il est bien dirigé, si on ne le contrarie pas par des manœuvres ou des médications intempestives, qui fera, disons-nous, que cet homme commandera bientôt ses membres et exprimera sa pensée comme par le passé.

Les déséquilibres mentaux qui, comme l'aphasie, les paralysies subites, sont des faits brutaux qui se manifestent en quelques instants par suite de lésion matérielle, doivent être rapprochés des mêmes troubles qui s'organisent progressivement. S'il s'agit d'une tumeur gommeuse par exemple ou de l'épaississement par sclérose de l'écorce du cerveau ou de la moelle, qui causent tant de variétés de paralysies, c'est encore le Via seul qui peut réparer. Devant ces cas, l'anatomiste croit voir triompher les théories matérialistes, car il montre à l'œil nu ou au microscope la lésion qui explique amplement, à son avis, la perte d'une ou de plusieurs fonctions, l'affaiblissement ou la perte des facultés intellectuelles, à quelque degré qu'ils soient.

Le spiritualiste n'est pas plus embarrassé. Il affirme que l'âme est latente et attend la mort pour être délivrée, chez le paralytique comme chez l'aliéné. Reconnaissez-vous donc dans les actes du dément l'étincelle divine ? L'âme immatérielle serait donc paralysée aussi pour ainsi dire. Chez les idiots, les arriérés, relégués dans les basses fonctions de la moelle, chez qui le cerveau n'a pas évolué, où est l'âme ? Peut-elle exister sans se manifester jamais ? Non, l'âme est une portion de la divinité. Elle est ambiante et n'est pas fixe indissolublement dans le corps pendant toute la vie : le Via seulement l'y rattache. Tous les hommes n'en ont pas la même dose de cette étincelle divine : le Via en fixe dans chacun de nous une quantité non chiffrable numériquement, mais variable avec chaque individu. Cette variabilité fait qu'il y a des hommes de génie et des crétins, et cette indépendance de l'âme fait aussi que l'homme peut perdre ses facultés mentales sans lésion des centres nerveux : l'âme quitte le corps totalement ou la visite périodiquement à l'appel du Via qui, lui, n'abandonne la matière qu'au moment de la mort. C'est pourquoi il y a des folies intermittentes.

On peut donc dire, en résumé, que toute maladie, de quelque ordre qu'elle soit, déséquilibre physique ou moral, est sous la dépendance du Via. L'observation démontre surabondamment le bien-fondé de ce point des théories vitalistes.

CHAPITRE III

La raison d'être et le mode d'action des soins vitalistes découlent des données précédentes. Il s'agit de porter secours à l'organisme déséquilibré en agissant comme le fait la nature, dans le même sens qu'elle et avec les mêmes éléments.

Il est à remarquer d'abord que la plupart des maladies aiguës guérissent toutes seules si une médication intempestive ne vient pas contrarier la réparation naturelle. Ce qu'un médecin intelligent peut faire en pareil cas, c'est de l'hygiène. Pendant la période de fièvre, il cherchera à abaisser la température par des soins externes : lotions, bains, frictions, qui feront fonctionner la peau. Il donnera des tisanes appropriées pour laver les reins et provoquer l'élimination des produits toxiques. La nature, aidée, triomphera dans ce premier temps de la lutte ;

la fièvre tombera bien vite et la réparation se fera par la force des choses.

Lorsque la lutte se prolonge, alors que la convalescence traîne et que les réparations ne se font pas, c'est que le malade n'est pas dans le milieu convenable. Les cellules migratrices n'y trouvent pas les éléments réparateurs. Le médecin, que nous supposons toujours intelligent et désintéressé, se gardera bien alors de donner des drogues. Il pensera qu'il y a des climats meilleurs pour son client ; il se dira que l'air de la mer et des montagnes ou le soleil du Midi valent mieux que l'air confiné des villes ou une atmosphère de brouillard ; tandis que, dans les conditions actuelles, il ne se relèverait pas. Alors, il prescrit un séjour sous de meilleurs cieux, dans des ambiances plus favorables. Celui-là est un bon médecin : il est vitaliste. Sa pratique personnelle, faite d'études sérieuses mises au service du bon sens, lui démontre tous les jours, qu'il n'y a pas d'effets curatifs possibles avec des médicaments. Il s'agit, en effet, pour faire œuvre utile, de relever le taux de la vitalité et non de stimuler l'action trophique du système nerveux au

moyen d'un agent toxique qui laisse, après
un instant d'excitation trompeuse, un adynamisme plus marqué.

Peu de praticiens ont le courage de se
dégager de la pratique routinière ; le malade à qui l'on ne fait pas d'ordonnance
n'est pas content ; la concurrence est grande
et... il faut gagner sa vie. Aussi les drogues d'aller bon train, et qui paie en définitive ? Le malade.

Peut-on croire qu'une drogue, qui est
poison par elle-même, puisse être efficace
dans un organisme déjà encombré de poi-
sons fabriqués par des combustions incomplètes, ou par des germes morbides ? Assurément non. Les médicaments qui paraissent
sent agir dans les cas aigus n'ont pas d'action réelle : ce n'est pas par eux, mais malgré eux, que le malade se guérit. Chez les
chroniques, la question ne souffre pas de
discussion ; il est certain que les médicaments n'ont jamais guéri personne.

L'estomac n'est pas fait pour véhiculer
des drogues ; il doit servir à la digestion
des aliments. Il est rare, en dehors même
des maladies propres à l'estomac, que les
fonctions digestives se fassent bien chez un

chronique : point n'est donc utile de parachever la ruine de cet organe par l'action corrosive, convulsivante ou paralysante des médicaments.

L'introduction au moyen de lavements ou la voie directe, par injections sous-cutanées, ne sont pas plus recommandables ; car le médicament absorbé, en admettant qu'il procure un soulagement momentané, n'aura d'action que pendant un temps assez court, et il faudra bien qu'il soit éliminé. Cette élimination est un travail supplémentaire pour les reins, la peau ou les poumons, qui sont les émonctoires naturels pour tous les éléments hétérogènes et les déchets de nutrition. Le dommage qui s'ensuit est loin d'être compensé par le bien-être trompeur obtenu pendant quelques instants ; les organes s'habituent à un fonctionnement artificiel, qui aboutit fatalement à l'impuissance absolue.

Les médecins qui ont la manie de formuler ne sont pas les seuls à nuire. Des malheurs irréparables sont causés souvent par des personnes étrangères à l'art de guérir et imbues de fausse science.

Aujourd'hui, tout le monde se croit des

connaissances en hygiène et en médecine. Dans un salon de nos jours, on ne cause pas seulement chiffons et littérature ; on entend à chaque instant des hérésies de ce genre : « Vous souffrez de la tête ? Prenez donc, comme moi, de l'antipyrine, c'est souverain contre les névralgies... » «...Depuis que je prends de la pepsine d'Un Tel, je digère admirablement... », ou confidentiellement : «... En êtes-vous toujours au cascara ? — Non, j'ai dû l'abandonner pour le thé japonais, c'est ce qu'il y a de mieux... » Entre deux élégantes un peu trop en chair : «... Je reviens de Marienbad, j'avais maigri de trente livres et, depuis quinze jours, je les ai presque regagnées. Vous me voyez désolée... — Prenez donc de la thyroïdine, ma chère, je m'en trouve très bien ; voyez comme j'ai maigri... », etc...

Avant un an, tous ces bons conseils auront porté leurs fruits. L'amateur d'antipyrine sera devenu morphinomane. Celui qui digérait si bien avec la pepsine, devenu absolument dyspeptique et sec comme un fil, ne s'alimentera plus qu'avec des lavements. Le preneur de thé aura l'intestin définitivement paralysé. Quant aux deux dames obèses, elles ne seront plus de ce monde. La donneuse de conseils sera morte la première, et l'écouteuse, avertie trop tard, et déjà touchée dans ses œuvres vives par le poison qui fait maigrir, aura maigri jusqu'à en mourir à son tour.

Devant ces malheurs journaliers, et que le simple bon sens devrait suffire à écarter, nous constatons avec stupeur que nos contemporains sont comme les idoles des Egyptiens : ils ont des yeux et ne voient point.

Il y a pourtant tout un clan officiel qui parle au nom de l'hygiène. Ce sont les alarmistes de profession, qui, armés de statistiques sombres, font des prédictions plus sombres encore. Ils sont divisés en plusieurs groupes ; chacun d'eux a sa tête de turc et frappe dessus à bras raccourcis. Pour les uns, l'Alcoolisme est le facteur de toutes les dégénérescences ; d'autres voient partout la Syphilis. Pour un grand nombre, l'ennemi, c'est la Tuberculose, etc..., et tous, enfourchant leur dada, en arrivent à force d'être exclusifs à ne plus voir juste, aveuglés qu'ils sont par l'énormité de leur unique point de vue.

Certes, l'alcool n'est pas un aliment que

nous recommandons, et la tuberculose est un fléau terrible ; mais cent autres causes, autour desquelles on n'a pas fait tant de bruit, sont également à redouter pour l'individu et pour sa descendance. Les conclusions de ces chercheurs systématiques sont naturellement ce qu'elles devaient être, nous n'osons pas dire absurdes, mais tout au moins fausses sur bien des points.

Contre la tuberculose, par exemple, on établit le *sanatorium* ; c'est-à dire qu'on rassemble sur un point une quantité de tuberculeux, dont les plus infectés contagionneront fatalement les autres. Si bien choisi et aéré que soit ce point où on les aura parqués, le fait même de leur agglomération souillera les ambiances, et il serait certainement plus logique de les isoler.

Une pratique qui tend à se généraliser de plus en plus, et qui offre une certaine analogie avec les dangers du sanatorium, c'est la cure d'eau, qui réunit dans un espace limité un grand nombre de malades diversement infectés. Une pareille cure, d'ailleurs, en quelque endroit qu'elle se fasse, offre les mêmes chances de succès. Ce qui guérit ou améliore pendant une saison à Vichy,

Spa ou ailleurs, c'est le changement d'air, de milieu, les distractions qui font oublier les affaires, et le repos de l'esprit, qui permet les réparations. Les eaux qu'on y boit entrent pour une toute petite part dans le bon résultat final, car elles ont toutes pour unique effet utile de laver les reins et, d'une façon générale, d'aider à l'élimination. Une eau minérale, dont la composition s'éloigne sensiblement de celle d'une bonne eau de fontaine, sera plutôt nuisible. Si elle est gazeuse, elle dilate l'estomac. Si elle contient un principe actif à doses médicamenteuses, elle provoque des crises, inutiles chez celui qui la supporte bien, parce que celui-là aurait éliminé ses déchets naturellement et sans secousse ; dangereuses chez celui qui est trop malade pour réagir.

D'autres considérations, d'ordre purement économique, militent contre ces déplacements à la mode. Ceux qui ont le plus besoin de repos et de santé sont les travailleurs, qui, rivés à leur besogne dans les villes ou les campagnes, ne peuvent quitter la place sans de grands dommages pour leurs affaires. A tous ceux-là le Vitalisme offre à domicile, avec ses appareils ingénieux et

sûrs, l'air vivifiant et absolument privé de
germes morbides qu'on respire sur la mon-
tagne à mille mètres d'altitude. Il leur
donne les mêmes ambiances que le soleil, et
mieux même que le soleil, si fantastique
que cela paraisse ; car il dose ces ambiances
d'après ce que le malade en peut supporter
et selon la qualité qui convient à son
cas.

Expliquons-nous. La nature, qui contient
toutes les bonnes choses qui donnent la vie
et l'entretiennent chez tous les êtres, ne fait
pas la monnaie de ses dons suivant les besoins d'un chacun, mais les offre en bloc,
en une somme d'ambiances, où le Via doit
faire un choix judicieux.

Le soleil est le grand vivificateur ; sans
lui, les plantes s'étiolent et les hommes
s'anémient. La vie semble se retirer de chez
les confinés qui ne le voient pas, c'est vrai ;
mais c'est lui aussi qui donne les insola-
tions. A dose convenable, il fortifie ; à plus
haute intensité, comme sous les tropiques,
il cause l'anémie pernicieuse. Ici, il guérit
les affections cutanées ; là, il les aggrave ou
les fait naître. La raison de ces divergences
est la complexité de sa lumière. Les ondes

lumineuses, comme on l'a vu, ont des vitesses vibratoires différentes, auxquelles sont dues les différentes couleurs du spectre. Chaque couleur a des propriétés que n'ont pas les autres, et produit même des effets tout opposés sur un même sujet.

Tous les convalescents, souffreteux, anémiques, tuberculeux, tous les affaiblis, qu'on envoie sur la Côte d'azur ou au Caire, devraient guérir si leur Via savait choisir ou pouvait dissocier les bonnes ambiances des mauvaises dans la lumière du soleil. Dans la pratique, il n'en est rien. Le Via, par suite de son propre affaiblissement, ou mal servi par les cellules migratrices surmenées, ne recueille pas les ondes utiles à la réparation, et le malade, bien que dans les meilleures conditions d'hygiène et d'ambiances, ne peut pas en profiter.

Depuis vingt ans, les vitalistes cherchaient l'instrument sensible et sûr, qui permettrait d'emmagasiner, pour ainsi dire, ces ondes solaires en les dissociant, pour les doser et les utiliser suivant les besoins des malades.

Il est trouvé : c'est l'*ambio-vital*, mis au point d'une façon parfaite en quelques mois. Il est absolument vitaliste dans son essence et possède la qualité commune à tous les appareils vitalistes, car il est simple. Par lui, les bains de lumière vitalisée qu'on ne pouvait prendre qu'à la Médecine Nouvelle, sont mis désormais à la portée de tous, aux quatre coins du monde.

Tout ce qu'on peut faire avec les rayons solaires a été reproduit expérimentalement avec notre ambio-vital. Les curieux un peu au courant des traitements nouveaux, savent que l'impossibilité où l'on est de disposer à volonté du soleil, avait orienté les recherches des savants vers un foyer artificiel ayant des propriétés analogues. L'arc voltaïque, décomposé en ses éléments colorés, fut généralement adopté par les quelques spécialistes qui voulurent tenter l'essai. Pour obtenir avec cet arc une intensité suffisante, il fallait une force électro-motrice considérable, dont on ne pouvait disposer qu'à Paris, pendant le jour seulement, dans nos cabinets d'applications. Nos succès ont dépassé de beaucoup ce que les premiers expérimentateurs avaient cru réalisable. Le secret de ces merveilleux résultats, que notre journal *la Médecine Nouvelle* a relatés,

3.

tient à la profonde connaissance des ambiances. Les propriétés de l'ambio-vital sont plus rapprochées de celles des ondes solaires, que ne le sont les rayons de l'arc voltaïque. C'est par des combinaisons ingénieuses d'ondes colorées et d'effluves sombres, ou souffle électrique, et d'intensités dynamo-vitales; par des expériences répétées enfin, qui constituent une pratique de quinze années, qu'on est arrivé à fixer les règles d'une technique originale assurément unique. Il nous est permis désormais d'utiliser chez les malades eux-mêmes cette lumière, dont un tout petit nombre de favorisés a pu profiter jusqu'à ce jour.

La liste est longue des maladies qu'on guérit sûrement par ce moyen.

Les plaies de toute nature, banales ou spécifiques, sont influencées favorablement par l'ambio-vital. Un ulcère variqueux, par exemple, ou une ulcération cancéreuse, affections que, jusqu'à ce jour, on croyait rebelles à tout traitement, sont enrayés dès les premières applications. Un ulcère variqueux se cicatrise très vite et sans récidive avec l'ambio-vital employé seul, tandis que la plaie cancéreuse se reproduit si l'on s'en tient uniquement au traitement par la lumière. Il faut pour le résultat durable, dans le cas de plaies fongueuses ou de mauvais aspect, traiter en même temps les parties sous-jacentes par d'autres moyens : *dynamo-vitaux* et *carburateurs* appropriés.

L'effet sur les suppurations est immédiat ; les inflammations les plus graves, comme l'anthrax et les phlegmons qui provoquent des poussées douloureuses fébriles, pouvant même amener la mort, sont calmées d'une façon certaine par les ondes colorées. En même temps que se manifeste l'action microbicide des rayons violets, et probablement par le fait même de cette action, les douleurs se calment comme par enchantement. L'anthrax, que l'on sait causé par des germes classés parmi les plus virulents qu'on connaisse, est arrêté dans son évolution en deux heures d'application. C'est dire qu'on peut tout espérer des ondes vitalisées dans le cas d'abcès de toute nature et d'inflammation même étendue.

Cette action sédative s'étend à tous les genres de douleurs : *névralgies rhumatismales* et *névrites d'origine quelconque.* Lorsque la cause est superficielle, et que le nerf malade se trouve au niveau de la peau, il suffit de quelques minutes ; s'il s'agit, au contraire, de compression des nerfs à une certaine profondeur, comme dans les *névralgies faciales* rebelles, ou d'une douleur causée par une tumeur, l'action devra être plus prolongée, mais elle est également sûre.

Nous avions souvent été arrêtés, dans le traitement des tumeurs de toutes sortes, par l'appréhension de certains malades extrêmement sensibles, dont le système nerveux totalement déséquilibré ressentait le moindre attouchement ou le plus léger picotement comme une souffrance intolérable. L'ambio-vital, combiné aux dynamo-vitaux, permet aujourd'hui la guérison des plus grosses et des plus anciennes tumeurs, sans douleur aucune, chez les malades les plus affaiblis et les plus pusillanimes.

Quand il s'agit d'*atrophie musculaire*, progressive ou non (car nous avons plusieurs très belles observations de l'un et l'autre cas avec des guérisons parfaites), ce n'est plus à la partie violette des ondes qu'il faut demander le secours. Ici, la régénération est faite par la lumière rouge vitalisée, en

douches sur les points à traiter. La rapidité
de régénération d'un muscle tient du pro-
dige, et ce travail de réparation histogénique
se fait avec un peu de courbature et de las-
situde absolument comparables à la fatigue
musculaire qui suit le travail et la marche
en temps normal, ce qui dénote bien clairement que le traitement agit comme la nature elle-même puisqu'il produit les mêmes
effets physiologiques.

Nous devons citer, entre autres, des cas curieux de guérison d'*atrophie musculaire progressive* de la forme spéciale dite pseudo-
hypertrophique, et dans laquelle les muscles
réellement atteints de dégénérescence sont
envahis et remplacés, au point de vue mor-
phologique, par du tissu conjonctif qui donne
l'illusion d'un développement musculaire
plutôt exagéré, avec la consistance dure des
muscles d'un athlète. Ces cas particuliers
de dégénérescence sont les plus longs à
traiter, parce que la guérison se fait en trois
temps. D'abord on voit les masses indurées,
qui ont pris la place du tissu musculaire,
fondre littéralement : cela prend quelques
semaines ou quelques mois, suivant l'âge et
la gravité de l'affection. De là l'amaigrisse-

ment qui marque la première phase. Pendant la seconde période, les muscles, débar-
rassés de la gangue qui semblait les étouf-
fer, subissent à leur tour l'action directe des
ondes, qui se manifeste par la fatigue locale
accompagnant la réfection des cellules musculaires. Ce travail de réparation se fait
toujours très rapidement. Voilà des faits
exacts et des guérisons que personne n'a-
vait crus possibles.

Nous ne parlerons ici des bains complets
de lumière vitalisée, que pour réfuter l'opi-
nion de ceux qui parlent sans savoir et affir-
ment que c'est à la chaleur seule que sont
dus les effets thérapeutiques obtenus. C'est
faux. La sudation apparaît en effet en quelques instants, dans les premières séances,
alors que la température du bain ne dépasse
pas 20 à 25°. Or, dans une étuve sèche, il
faut environ 80° pour obtenir la même
sudation : c'est donc la lumière vitalisée
seule qui produit cet effet. Son action, due
surtout aux ondes rouges, est vaso-dilatatrice
quand celles-ci dominent, tandis que les ondes violettes produisent sur les vaisseaux
sanguins l'effet opposé. Des quelques no-
tions qui précèdent sur le mode d'action de

l'ambio-vital, on tire des indications très précises pour son emploi dans toutes les maladies d'encombrement, c'est-à-dire dans toutes les formes d'athritisme.

On peut dire, qu'à part quelques variétés spécifiques, toutes les dermatoses sont le fait de l'arthritisme. Depuis longtemps, on a publié des cas de guérison de *lupus*, affection qu'on rattache à la tuberculose. Cette terrible maladie, qui ronge le plus souvent la face, à la façon d'un cancer, est radicalement guérie par les ondes vitalisées. Toutes les maladies de la peau : les différentes formes d'*eczéma*, d'*acné*, de *pelade*, de *nævi materni*, vulgairement appelées *envies*, les *ichthyoses*, les *pityriasis*, *lichens* et autres, sont guéries également, qu'elles soient parasitaires ou réellement causées par le ralentissement de la nutrition.

Le lecteur se souvient que le ralentissement de la nutrition est synonyme d'arthritisme, et que la cause des nombreuses manifestations qu'il engendre est unique. C'est l'empoisonnement de l'organisme par les produits d'oxydations incomplètes, si bien que les malades sont pris dans un cercle vicieux. Ou ils mangent peu et font peu de déchets, c'est vrai, mais s'anémient ; ou bien ils mangent suffisamment et s'empoisonnent gravement. Le but des soins vitalistes est, comme toujours, de s'attaquer à la cause et non aux symptômes et de brûler ces déchets en fournissant aux cellulles migratrices tous les éléments qu'il faut pour parachever les oxydations.

Tout le monde sait que les maladies d'arthritisme sont à transformations. Tels symptômes, comme les *migraines*, qui ont tourmenté le malade pendant sa jeunesse à l'exclusion de toute autre manifestation, disparaissent un beau jour, alors que s'installe un *rhumatisme lombaire*, une *sciatique* ou des *hémorroïdes*. Sous l'influence d'une médication quelconque ou d'eux-mêmes, ces nouveaux inconvénients disparaissent pour faire place à un asthme terrible ou à quelque chose de pire, comme la goutte viscérale qui tue, ou le diabète, ou l'albuminurie qui ne valent guère mieux. Peut-on croire qu'en présence de cette hydre à cent têtes sans cesse renaissantes, il soit de bonne guerre de lutter contre chaque symptôme en particulier ?

Les vitalistes répondent hardiment : Non,

et par la pratique prouvent qu'ils ont raison.

Il faut établir un traitement causal, un traitement général, qui brûle les déchets antérieurement accumulés ; nous disons antérieurement, car il n'est pas de localisation, de si vieille date, que les soins vitalistes ne soulagent.

Les appareils vitalistes sont admirablement combinés, pour venir à bout des plus vieilles localisations aussi bien que des moins tenaces ; les plus simples d'entre eux ne sont pas les moins efficaces, et la modicité de leur prix les met à portée de toutes les bourses.

.Quand il s'agit de douleurs rhumatismales récemment acquises, *douleurs volantes*, qui passent ordinairement d'une articulation à l'autre et sont plutôt un avertissement qu'une affection inquiétante, il faut se hâter de mettre les *plaques dynamodermiques*. Celles-ci, disposées suivant la technique que nous a indiquée l'expérience, auront immédiatement raison de ces douleurs fugaces ; il suffit de les changer de place et de poursuivre les douleurs jusqu'à leur disparition complète.

Les plaques dynamodermiques sont trop connues pour que nous ayons besoin d'insister beaucoup sur les services qu'elles peuvent rendre. Elles sont magnéto-électriques si l'on veut, ou mieux vitalisées sous un voltage considérable, avec une orientation particulière qui est notre secret. Le volume de ces plaques dynamodermiques, dont le modèle est unique, ne permet pas de les charger pour plus de 300 heures ; il est nécessaire, après ce temps, d'opérer le rechargement, qui leur rend d'ailleurs exactement leurs vertus premières. Ce rechargement peut être fait autant de fois qu'il le faut ; les plaques peuvent donc servir indéfiniment. On les applique ordinairement la nuit. Leur action est aussi douce et sûre que leur mode d'application est simple. Ici pas de forte intensité : celle-ci est remplacée par le temps de l'application. Le premier effet, c'est de faire dormir. La perte de sommeil, par le fait de la douleur, ou par les accidents du sommeil, dont nous avons parlé à propos du Via, est le grand obstacle aux réparations. L'action des plaques sur les excités ou sur ceux qui souffrent est merveilleuse : elle est sédative autant que celle des ondes violettes, mais elle est plus durable.

Les plaques dynamodermiques communiquent aux centres nerveux une sorte d'orientation, qu'on peut justement comparer à celle des passes du magnétiseur. Il n'y a pas de révolte des nerfs qui puisse tenir longtemps contre cette force douce et continue, et le sommeil vient, le bon sommeil réparateur, dans lequel la cérébration s'éteint pour laisser le champ libre aux fonctions du sympathique, c'est-à-dire à la vie de nutrition.

Pour cette raison majeure, les plaques dynamodermiques font partie de presque tous nos traitements. N'en concluons pas qu'elles sont suffisantes toujours : loin de là.

Lorsque, au lieu d'un rhumatisme récent, c'est une douleur fixe, tenace, qui est en cause, comme une sciatique, un lumbago chronique, une raideur articulaire, pour lesquels la médecine ordinaire, elle-même, proscrit les drogues comme inutiles, la révulsion devient nécessaire.

Que de choses à dire sur la révulsion ! Quels magnifiques résultats on obtient à condition qu'elle soit bien faite !

Ici encore, constatons en passant l'illogisme de la médecine officielle, même quand elle n'emploie plus les médicaments. Le vésicatoire trouve encore des défenseurs ! le vésicatoire cantharidé, qui devrait être rejeté comme poison des reins, même s'il avait une valeur thérapeutique quelconque ! Que de néphrites mortelles lui sont imputables !

Non moins illogique est l'emploi des pointes de feu. Elles font de la révulsion, c'est certain ; mais elles ont l'inconvénient grave d'entamer la peau. La peau est un organe d'une importance fonctionnelle si grande, qu'il y a danger à en détruire la moindre partie, ou à la paralyser, ne serait-ce que momentanément. Dans tous les cas de douleurs fixes, articulaires ou non, il vaut mieux frictionner énergiquement que de faire des pointes de feu. Quand il s'agit de congestion, nous préférerions les sinapismes si nous n'avions pas mieux à proposer.

Dans la *tuberculose pulmonaire*, là où les révulsions sur les sommets des poumons malades sont journellement nécessaires, est-il raisonnable de condamner le patient à la grillade perpétuelle ? La répétition journalière des pointes de feu n'est d'abord pas possible, parce qu'il n'y a pas sur la région intéressée la place suffisante, et qu'en second lieu, les plaies cutanées ne permettent plus l'hydrothérapie, les massages et les frictions, absolument indispensables dans presque tous les cas.

Notre pratique est tout autre, et la révulsion par nos carburateurs peut se faire deux, trois fois par jour, aussi énergique qu'on le désire, sans jamais entamer la peau. On peut en graduer l'intensité à volonté, suivant la sensibilité et la résistance du malade.

Il faut avouer que la révulsion n'est pas seule à agir dans ce cas particulier de tuberculose. Les effluves d'air vitalisé qui entourent le malade pendant l'application, lui font une ambiance chargée d'ozone, très favorable à la destruction des bacilles qui l'infectent. Nous insistons sur la manière dont tous nos agents vitalistes concordent dans leur mode d'action. On voit ici les inhalations vitalisées agir sur la cause qui réside dans les poumons, comme les ondes violettes agissent en détruisant les parasites de la peau et les agents des suppurations. C'est bien toujours le traitement causal : en même temps que la résistance est fortifiée par un apport plus

abondant des cellules migratrices, le principe infectant est affaibli par l'action directe
des agents : lumière, chaleur, magnétisme,
électricité. Tout est homogène dans le Vitalisme et tend au même but : aider la nature
avec ses propres moyens.

Il ne manquera pas de jaloux pour dire
que nous n'avons rien inventé, que l'emploi
de l'ozone et de l'oxygène est, depuis longtemps, dans la pratique courante. C'est vrai,
mais cette pratique vaut celle du vésicatoire
et des pointes de feu. Le ballon d'oxygène
pur n'a sa place que dans une salle d'opérations, pour parer à une syncope. Les ozona-
teurs n'ont leur place nulle part ; car ils
envoient brutalement dans les voies respira-
toires un gaz irrespirable. L'ozone doit être
employé à la dose naturelle : nous entendons
par là qui'l doit être mélangé à l'air dans les
proportions où l'électricité atmosphérique le
produit.

Avec nos carburateurs, il peut être
consommé, pour ainsi dire, au fur et à mesure de sa production, à l'état naissant, et
mélangé à l'air dans les proportions conve-
nables. Son emploi n'offre, par suite, aucun
danger : la seule limite qui doive guider

pour le temps des inhalations vitalisées, c'est
le soulagement et la guérison.

Le carburateur à action double, qui permet les révulsions en même temps que les
inhalations, devient indispensable aux *arthritiques héréditaires*. Chez eux, les symptômes
sont généralement multiples et il ne faut
pas accorder plus d'attention aux uns qu'aux
autres. La *goutte*, la *gravelle*, les *coliques
hépatiques et néphrétiques*, les *rhumatismes*,
le *diabète*, l'*albuminurie*, l'*obésité*, les *maladies de cœur*, l'*asthme*, l'*emphysème*, etc.,
ont la même valeur nosologique et sont justiciables des mêmes soins. Pendant le bain
vitaliste, les oxydations sont poussées au
maximum dans les alvéoles pulmonaires par
une hémostase plus active ; la conséquence
facile à contrôler par l'analyse est la disparition de l'acide urique, du sucre et de l'albumine, et la présence de l'urée qui est, au
point de vue chimique, le dernier terme normal des oxydations organiques.

Le résultat parfait, la guérison, ne s'obtient naturellement pas d'un seul coup. Les
lésions et les erreurs physiologiques qui
donnent naissance aux éléments anormaux
de l'urine et à l'encombrement, sont d'autant

plus longues à réparer qu'elles sont plus anciennes et que les organes ont été plus surmenés par les médications antérieures. Le résultat immédiat est, toutefois, appréciable par le malade ; il sent la douleur disparaître et son état s'améliorer. Il traduit ces impressions complexes par ce mot qui en dit long : « Je me sens mieux. »

L'amélioration est progressive, et, dans tous les cas, il n'est besoin d'aucun régime ; la seule précaution à prendre, c'est de ne pas absorber plus qu'on ne dépense, lorsque les déchets antérieurement accumulés ont été une fois brûlés. Dans la vie courante, les anciens malades se déséquilibrent bien de temps en temps, qu'ils fassent trop bonne chère ou pas assez d'exercice ; ils savent qu'ils pourront parer désormais à tous les inconvénients possibles avec quelques applications. Le carburateur devient l'ami fidèle, sur qui l'on compte, et qu'on entoure de soins égoïstes.

D'autres, convertis au vitalisme par une première cure et que leur genre de vie, leurs affaires, les voyages, retiennent ordinairement en dehors de leurs foyers, ne peuvent se donner chez eux des soins assidus. Ceux-là viennent tous les ans, ou deux fois par an, faire leur saison à Paris, et leurs diathèses les laissent tranquilles le reste du temps. Une cure bien faite au printemps les assure pour toute l'année contre les accidents rhumatismaux : gravelle, diabète ou autres, mieux que la cure à Vittel ou à Vichy.

Nous avons dit que les arthritiques offrent le terrain propice aux pires maladies. Rien n'est plus vrai. Ainsi, les *affections aiguës des voies urinaires*, qui d'ordinaire guérissent seules, malgré les remèdes plus ou moins néfastes, s'éternisent chez les rhumatisants. Ceux-là peuvent user de toutes les spécialités, de toutes les opérations, de tous les régimes, ils ne se guériront pas tant qu'on ne soignera pas la vraie cause : l'état général.

Les *paralysies locales*, dites *a frigore*, n'apparaissent que chez les rhumatisants.

Parmi les paralysies locales qui tiennent le plus souvent à l'arthritisme, il en est une des plus fréquentes qui a pour conséquences les *hernies*. C'est par centaines que l'on compte les hernieux dans les statistiques de la Médecine Nouvelle. Chez presque tous on relève des antécédents rhumatismaux héréditaires ou personnels. Chez tous, sans exception, il existe une zone d'anesthésie au niveau de la tumeur, inguinale, crurale ou ombilicale, qui nous fait croire que toutes les hernies sont paralytiques.

C'est à la faveur de cet adynamisme local que le moindre effort produit la hernie. C'est ici qu'il y a lieu de faire des *applications myodynamiques*, dont le but est de rendre aux tissus péri-herniaires leur dynamisme perdu. Avec la régénération des nerfs réapparaît la sensibilité. Les ligaments et tissus, progressivement resserrés, finissent par obturer les orifices complètement, et la guérison est aussi radicale qu'avec l'intervention chirurgicale la mieux faite. On a l'avantage de ne pas courir les risques de mort inhérents à toute anesthésie profonde par le chloroforme ou l'éther. Si petits que soient ces risques (les statistiques les moins pessimistes donnent un cas de mort sur mille), mieux vaut n'en pas courir les chances.

Les bandages n'ont aucune valeur par eux-mêmes, au point de vue de la guérison des hernies. Leur emploi prolongé, surtout quand ils sont serrés, augmente même considérablement l'état paralytique des tissus péri-herniaires, en entravant la circulation sanguine et comprimant les nerfs à ce niveau. Toutefois, dans les cas de hernie volumineuse, il est nécessaire de maintenir la tumeur, pendant les premiers temps du traitement tout au moins, pour ne pas perdre par la poussée du paquet herniaire, le bénéfice du traitement après chaque application. Chaque application doit être courte, quinze minutes au maximum, et être faite matin et soir. Par ce procédé, une hernie moyenne guérit en six semaines. On quitte alors tout bandage.

Les *déplacements de la matrice* peuvent être dus aussi à des paralysies de même ordre. Quelle que soit leur cause, ils sont justiciables des applications myodynamiques et guérissent admirablement.

Il faut rapprocher aussi de ces paralysies locales la *constipation*. La paralysie intestinale est, en effet, l'aboutissant ordinaire de la constipation mal soignée. Il y a tous les degrés, depuis l'atonie, qui cause souvent dès l'enfance la constipation habituelle, et la véritable paralysie. L'exercice raisonné et une nourriture appropriée suffiraient ordinairement au début de l'affection. A ce moment, l'aggravation n'apparaît pas possible; il semble que c'est plus un inconvénient qu'une maladie, et c'est aux laxatifs, lavements et purgatifs qu'on a recours. L'irritation produite par les laxatifs, de quelque genre qu'ils soient, a toujours la même conséquence : empirer le mal. L'estomac en souffre et faillit à ses fonctions par suite de l'encombrement des voies digestives ; la *dyspepsie* s'installe alors sous une forme quelconque. L'appétit disparaît généralement; l'amaigrissement s'ensuit, amenant l'adynamisme généralisé, l'état d'inanition qui ouvre la porte à toutes les infections. S'efforce-t-on de manger? l'estomac fonctionne tout de travers. Il fabrique des gaz, dont l'évacuation, plus ou moins pénible, provoque des *crampes*, de la *dilatation* avec sensation de *ballonnement*, et alors même que les douleurs ne sont pas des *gastralgies intenses*, le malade sent continuellement son estomac. Il s'en inquiète, il devient triste et maussade et en arrive même rapidement à l'*hypocondrie*. Rien ne le soulage que d'une façon momentanée.

Les purgations, dont on abuse tant, de-

vraient être réservées pour les seuls cas
d'embarras gastrique fébrile et d'infections intestinales aiguës. Le flux diarrhéique
qu'elles provoquent est produit au dépens
d'humeurs et d'eau soustraites à l'organisme,
qui sont absolument nécessaires pour fabri-
quer l'urine. Le fait de ce changement de
destination amène l'insuffisance urinaire,
d'où empoisonnement d'un autre côté par
les déchets non éliminés. La peau s'en res-
sent presque toujours ; elle se couvre de *rou-
geurs diverses*, de *boutons d'acné, d'herpès*,
qui sont des signes d'encombrement. Le bon
sens populaire, qui traduit presque toujours
ses observations d'une façon juste, dit que
c'est de l'échauffement. Ces éruptions sont
en effet légèrement fébriles. Elles font le dé-
sespoir des femmes qui, croyant y remédier
avec leurs drogues laxatives, arrivent, à un
moment donné, à la paralysie intestinale
dont nous parlions.

Même quand on en est là, à plus forte raison dans les cas d'atonie simple, les applications vitalistes ont raison de la constipation.

Nous disions tout à l'heure que les maladies d'estomac mènent à l'hypocondrie. Cette

expression, presque désuète aujourd'hui, désigne une forme de la *neurasthénie*. De toutes les manifestations arthritiques, on peut dire que la neurasthénie est peut être la plus diathésique. Sur ce point de doctrine, officiels et vitalistes s'entendent à merveille : les divergences apparaissent dans l'interprétation de la cause et dans les soins qui en découlent.

Pour les médecins de nos jours, un neurasthénique est un nerveux de souche rhumatisante, une sorte de malade imaginaire qui écoute son mal et se complaît dans ses misères. Il éprouve le besoin d'aller raconter à tout le monde, et surtout aux médecins, ses douleurs, alors qu'elles ne correspondent à aucune réalité anatomique. Autre signe : le neurasthénique a des urines très acides. Voilà le diagnostic, et comme traitement : des fortifiants, des douches et de la distraction.

Pour nous, *la neurasthénie* est une vraie maladie fonctionnelle et psychique. Quand il y a une maladie acquise comme point de départ, ce n'est qu'une cause occasionnelle. La vraie cause, c'est le terrain arthritique, et c'est à une erreur du Via que sont dues les localisations douloureuses sans réalité anatomique. La neurasthénie se manifeste par l'impuissance physique et intellectuelle. C'est un état de surmenage chronique.

Le surmenage physique et intellectuel passager, qui se traduit par la fatigue et la courbature, à la suite d'un travail exagéré, se réparera fort bien par le repos et le sommeil chez un homme sain. Nous avons dit comment le Via procède à ces réparations. Dans le cas de l'arthritique prédisposé, le travail cérébral se continue pendant le sommeil, d'autant plus fatigant que les rêves sont plus profonds dans l'Inconscient, et, cette fatigue s'ajoutant à celle de la journée, la réparation ne peut pas se faire. Les organes, surmenés par ce travail incessant, ne répondent plus à la volonté. Nous avons vu que l'idée fixe a pris naissance, dans ce cas, lors de la première constatation d'impuissance.

Il faut, pour guérir ce malade, ramener la concordance entre le cerveau qui doit commander et la moelle qui doit obéir. Est-ce possible ? Le Via, lien subtil entre l'esprit et la matière, se prêtera-t-il à des soins quelconques ? Oui, car la nature ne demande qu'à guérir et le Via, qui tient à la matière, obéit aux lois naturelles. Il suffit de bien connaître ses affinités, pour agir sans rien brusquer. Il ne faut pas, pour cela, se perdre dans le dédale des symptômes de la neurasthénie, qui n'ont entre eux aucune concordance et peuvent, à la façon des troubles *hystériques*, simuler toutes les maladies. Le but du médecin vitaliste sera, d'abord, de transformer le terrain arthritique par un choix judicieux d'ambiances. En même temps que les éléments anatomiques se fortifieront, les affinités vitales du Via seront orientées au gré du médecin, qui substitue sa volonté propre à celle du malade, jusqu'à ce que le dynamisme intégral soit ramené, jusqu'à l'équilibre de santé (*mens sana in corpore sano*).

Que ceux qui ne savent pas, répriment leurs sourires ou leurs plaisanteries. Nous ne parlons pas de suggestion simple, nous ne demandons pas que le malade vienne à nous avec la foi. Forts de la puissance de notre méthode, nous allons sûrement au but ; c'est nous, vitalistes, qui avons la foi et cela suffit. Les guérisons d'une *hernie*, d'une *gastralgie*, d'une *névralgie*, d'un *lupus* ou d'une *hémiplégie* n'ont rien à voir avec la foi du patient, pas plus que la disparition d'un état psychique.

Dans toutes les maladies, la personnalité du malade est plus importante que la maladie elle-même. Il n'y a pas de neurasthénie à proprement parler: il y a des neurasthéniques. Cet axiome doit être généralisé, et l'on peut dire que, d'une façon générale, les maladies, classées par ordre pour les besoins de l'enseignement médical ou des statistiques, perdent leur intérêt de classification quand on va au fond des choses. En réalité, il n'y a pas de maladies, mais des malades. Dans les affections aiguës aussi bien que dans les maladies chroniques, la même cause donne en effet des symptômes très différents chez les différents sujets. Ces variations, que les vitalistes attribuent, avec juste raison, aux conditions spéciales de résistance, les ont poussés tout naturellement à étudier chaque malade en particulier. Ils recherchent d'abord comment se font les échanges, comment chaque individu se comporte par rapport aux ambiances et quelles sont, en un mot, ses affinités vitales. Les occultistes appellent cela étudier le *micro-cosme* ; mais la chose est beaucoup plus simple et plus claire que le mot.

S'il y avait un instrument assez sensible pour mesurer le potentiel individuel, fait de toutes les affinités et répulsions naturelles, le rôle du médecin vitaliste serait simplifié considérablement. Les appareils qui conviennent à chaque malade pourraient être classés par numéros, suivant les besoins, comme les verres de lunettes avec une boîte d'oculiste, selon les degrés de myopie. Les choses sont, en réalité, beaucoup plus complexes. Il faut des connaissances tout à fait spéciales pour établir un diagnostic au point de vue vitaliste, et beaucoup de doigté et d'habitude pour diriger un traitement.

Le point de vue spécial auquel nous envisageons les maladies, nous défend donc de les classer par catégories correspondant aux classifications d'écoles. Nous disons seulement que tout ce qui est adynamisme est du ressort du Vitalisme. Il nous est impossible, dans ce court exposé de notre méthode, de donner plus d'importance à un point qu'à un autre ; nous ne pouvons que

passer rapidement en revue les causes géné-
rales des déséquilibres.

La nécessité qu'il y a à surveiller de près
les malades atteints d'affections aiguës, et
l'impossibilité où nous sommes d'être partout à la fois, nous obligent à nous confiner
dans les maladies chroniques. Notre rôle
commence à la convalescence. Les conva-
lescences, suite d'une série de troubles plus
ou moins sérieux, laissent le malade dans
un état critique ; car l'organisme débilité
ne fonctionne que péniblement. La résistance, ébranlée par la lutte soutenue
déjà contre la maladie, se défend mal. Le
sujet offre un terrain préparé pour toutes
les invasions morbides ; aussi voit-on
chaque jour des rechutes fatales se produire au moment où le mal paraissait con-
juré. C'est que, dans la plupart des cas, à
l'hygiène vitaliste, qui devrait être la base
de tous les soins, on a opposé des traitements qui, au lieu d'aider l'effort de la nature, l'ont contrarié. Les *suites de couches*,
qui devraient être physiologiques, c'est-à-
dire ne laisser derrière elles aucun adynamisme, sont souvent le point de départ de
maladies graves ; soit que la santé de la

femme, déjà chancelante, ait été encore ébranlée par cette fonction, si naturelle pourtant ; soit qu'il y ait quelque complication anatomique qui a causé des tiraillements, des divulsions ou des déplacements. Combien de jeunes femmes gardent toute leur vie des misères pathologiques provoquées par une convalescence mal surveillée. Les cliniques et les cabinets des spécialistes regorgent de ces pauvres malades, à prolapsus utérins et déviations de la matrice de toutes sortes, causés par un adynamisme mal compris ou négligés par le médecin accoucheur. Il n'y a pas lieu de récriminer ; car le Vitaliste seul ou un chirurgien sont armés contre un déséquilibre local.

A la suite d'une affection de cet ordre s'implante toute la série des chronicités : *règles douloureuses, douleurs abdominales,* qui s'étendent des reins jusqu'aux côtes, *congestions* partielles, anéantissement général, puis enfin, quand l'âge de la *ménopause* arrive, la succession des grosses misères : *kystes, fibromes, hémorragies* graves ou pis encore.

Il est prouvé aujourd'hui que le Vitalisme a raison des *tumeurs profondes* en quelques semaines ou quelques mois, toujours en opérant selon la nature, en faisant fondre littéralement les éléments anatomiques anormaux de la tumeur et rendant à la résistance, à ce niveau, le dynamisme perdu. Dès lors, les *tumeurs* disparaissent avec plus de rapidité qu'elles n'en ont mis à évoluer. La technique de ces soins est si bien établie par notre pratique, déjà longue, qu'on peut les conseiller à distance, en toute sécurité. La Médecine Nouvelle a, dans sa correspondance, des centaines et des centaines de preuves de succès obtenus ainsi, sans opération, par des applications douces et faciles, qui n'entravent en rien les travaux et les habitudes d'un chacun. Il est bien évident qu'une tumeur grosse et d'ancienne date disparaîtra moins vite qu'une tumeur petite et récente ; mais, dans tous les cas, l'effet presque immédiat, est la disparition du symptôme douleur. Nous avons entendu maintes fois des malades atteintes de *fibrômes* énormes, au ventre distendu, et souffrant sans cesse, dire que, dès la première minute des soins vitalistes, elles avaient senti le mal s'en aller. Ce résultat est tout simple : l'effet doit disparaître puisque le traitement s'adresse à la cause.

La ménopause, ou suppression du flux menstruel, qui caractérise ce qu'on est convenu d'appeler *l'âge critique*, amène à sa suite les congestions, l'*empâtement graisseux*, l'*altération du visage* et mille petits riens qui viennent détruire souvent l'harmonie générale de la femme, alors qu'elle devrait normalement prolonger la période de maturité de ses charmes. N'avez-vous pas rencontré maintes fois de superbes créatures au port de reine, au visage jeune, exempt de rides et respirant la grâce et la fraîcheur ? Leurs lignes supportent fort bien la comparaison avec celles d'une belle jeune femme de trente ans, et elles en ont cinquante au moins. Sont-ce des exceptions, des phénomènes ? Ce sont tout simplement des créatures humaines bien équilibrées et dont la résistance est pourvue d'échanges suffisants pour que toutes les fonctions s'accomplissent normalement.

Il y a quinze ans, une dame de nos amies recourait au Vitalisme pour une *névralgie faciale* rebelle à tous les soins. Cette dame, âgée d'environ quarante-six ans, était arrivée à la ménopause et son mal s'augmentait

encore depuis la suppression du flux menstruel. On la soigna à la Médecine Nouvelle
pendant un mois, et sa névralgie disparut. Mais
en même temps que la guérison, on constatait
que le côté du visage, où les applications vitalistes avaient été faites, était redevenu jeune,
tandis que l'autre côté : joue, menton, front
et tour de l'œil, était ridé et fané. L'impression était telle que, selon qu'on regardait
cette dame de profil, à droite, ou à gauche, il
y avait une différence de plus de dix ans. Le
fait était curieux mais pénible pour elle. On
pensa que les soins qui permettaient un pareil
phénomène d'un côté devaient le produire
de l'autre, et un mois après, en effet, notre
cliente rentrait chez elle totalement transfi-
gurée et rajeunie de vingt ans. Ce résultat et
d'autres semblables firent qu'on assiégea littéralement l'établissement qui obtenait de tels
résultats ; cependant, comme il y avait des
choses plus intéressantes dans la pratique
vitaliste, et que les cabinets d'applications de
la rue de Lisbonne étaient insuffisants, on
résolut de régler des appareils pour ces soins
spéciaux et de traiter la beauté par correspondance. Alors des copies informes surgi-
rent de toutes parts. Il se créa des rajeunis-

seurs en chambre, des coiffeurs, des carto-
manciennes qui, abandonnant l'art de la
Pythonisse, se mirent à instrumenter sans
aucune science et sans méthode. On juge des
effets produits par ces *à peu près*, dont les
résultats furent parfois désastreux. C'est
ainsi que les meilleures choses peuvent devenir les pires, quand on se laisse prendre aux
contrefaçons.

Qu'il s'agisse de la beauté plastique, ou
d'une quelconque des affections dues à un
déséquilibre du dynamisme intégral, quelles
que soient les ambiances à fournir aux cellules migratrices, on ne peut employer que
des intensités personnelles au sujet que l'on
traite. Si elles dépassent le but, elles ne produisent pas l'effet cherché ; si elles restent
en deçà, elles peuvent n'avoir pas d'effet du
tout. Il ne faut pas d'ailleurs perdre de vue
que les symptômes locaux prennent naissance
d'un déséquilibre d'ordre général.

L'empâtement, l'*obésité*, qui sont le début
de la dégénérescence graisseuse, constituent
une sorte de déséquilibre dont la gravité ne
peut échapper à l'observateur. Quand les éléments de nutrition se transforment systé-
matiquement en graisse, il est temps d'insti-

tuer un traitement régénérateur ; sans quoi, les éléments normaux et déjà constitués, les muscles en particulier, vont se transformer eux-mêmes en tissus graisseux. C'est par suite d'un ralentissement de la nutrition, provoquant un manque de comburation des substances alimentaires, que l'apparition de la graisse se produit. L'*obésité* est donc une vraie maladie, une déchéance vitale grave, qui combat l'harmonie fonctionnelle et attaque le sujet dans ses œuvres vives, en même temps qu'elle détruit l'harmonie des lignes.

Il ne faut pas perdre de vue que le moment de la ménopause est bien en effet, pour un grand nombre de femmes, l'instant critique. Une maladie acquise, un trouble fonctionnel déjà installé s'augmentent à ce moment d'une façon presque constante ; il ne faut pas compter sur une heureuse transformation d'une affection quelconque, mais s'attendre plutôt à une recrudescence de cette affection. Au lieu d'endormir la confiance de la malade en l'illusionnant, il faut soigner par le Vitalisme les femmes qui approchent de la ménopause, quand elles sont atteintes d'une *tumeur bénigne* du sein, d'un *adénome* ou d'un *fibrome* utérin ; car l'adénome peut se transformer en *cancer* et le *fibrome*, bien loin de diminuer de volume, pourra prendre des proportions énormes ou dégénérer en *tumeur maligne*. Il ne s'agit plus ici de recouvrer jeunesse et beauté, de faire un traitement de luxe; la malade joue sa vie, quand elle ajourne les soins. A cette époque, elle n'a généralement plus le choix entre l'intervention chirurgicale et les soins vitalistes. Les chirurgiens n'aiment pas opérer dans les mauvaises conditions que crée l'âge critique; en tous temps, même pour les plus osés et les plus adroits, les chances de succès sont considérablement diminuées. Il est encore temps de s'adresser à la Médecine Nouvelle. La guérison se fera lentement peut-être, mais sûrement. La malade passera sans encombre le cap de la cinquantaine, et cette époque sera le point de départ d'une belle et heureuse continuation de sa vie.

Tout comme la femme, l'homme arrivé à quarante-cinq ans éprouve des inconvénients multiples. A cette époque, la nature arrête chez lui l'évolution ascensionnelle, l'œuvre de perfection qu'elle avait accomplie jusqu'au sommet de la courbe vitale. Désormais, les organes s'affaibliront peu à peu, manquant du ressort qui pouvait paraître superflu, alors que l'énergie était à son comble, mais dont l'épuisement graduel ne tarde pas à se manifester. C'est la vue ou l'ouïe qui baissent d'abord et diminuent d'acuité ; ou bien, selon les tempéraments, c'est l'estomac qui devient paresseux et l'intestin atone. Il se produit des congestions, qui se localisent un peu partout. Toutes les fonctions périclitent : la vessie se vide mal, la *prostate s'hypertrophie* et cause des troubles profonds dans les voies urinaires. Les *hémorroïdes* provoquent des pesanteurs, des douleurs, des spasmes, et toutes ces misères empoisonnent la vie. De quelles souffrances se paie parfois le retour d'âge chez les hommes !

Sans nous étendre dans une énumération fastidieuse de toutes les maladies que le Vitalisme peut guérir ou améliorer, nous voulons dire un mot pourtant des paralysies. Contre ces affections, presque tous les médecins emploient ou ordonnent les traitements électriques.

A ce propos, on nous accuse de faire de l'électricité tout simplement sous le couvert d'un grand mot, le Vitalisme.

Nous répondrons que l'électricité est bien
un agent vitaliste. L'abrégé de notre doctrine, qui se trouve au début de ce livre,
explique assez clairement que nous reven-
diquons hautement les ondes électriques
comme une grande force des ambiances
que nous employons. Une différence essen-
tielle existe entre l'usage que nous en fai-
sons et le mode d'emploi des électriciens.
Nous laissons de côté le cas du médecin de
campagne ou de quartier qui, possesseur
d'un unique petit appareil d'induction, s'en
sert dans tous les cas de *paralysies*. Celui-là
pourra, par hasard, avoir quelques résultats ; plus souvent il aura des échecs ou des
complications et, faute d'être instruit sur ce
point, il croira de bonne foi que l'électricité
est une pratique inutile ou dangereuse. Les
électriciens spécialistes, eux, sont partisans
des hautes intensités, voire même des courants de haute fréquence, et c'est systéma-
tiquement qu'ils les emploient. Dans le traitement des tumeurs, leurs procédés revien-
nent à des cautérisations ; dans les paralysies et les *atrophies musculaires*, ils sidèrent
littéralement le système nerveux. Le grand
avantage de leur méthode, c'est que l'appli-

cation ne peut être faite que par eux-mêmes, et de cette façon, leurs cliniques ne chôment pas.

Nous qui sommes des fervents de la nature, nous cherchons ici encore à l'imiter, mais dans ses bons effets seulement. Les grandes décharges électriques de l'atmosphère sont des facteurs de destruction : la foudre n'est pas utilisable, si ce n'est à la manière des Américains, qui ont inventé l'électrocution, procédé de thérapeutique trop radical. Il faut savoir choisir suivant le but qu'on se propose. Le nôtre, étant de guérir, nous a poussés, tout au contraire, à employer des courants doux avec des appareils qui n'offrent aucun danger, à débit absolument régulier et dosés avec le plus grand soin. La prudence, bonne conseillère, surtout quand on s'adresse à des paralytiques affaiblis, nous fait une règle immuable de commencer toujours un traitement avec des intensités extrêmement faibles, quitte à les augmenter aussi rapidement qu'il sera nécessaire. La raison en est que l'accoutumance graduelle est indispensable, si l'on veut arriver à un résultat sérieux. Les séances répétées tous les jours, plusieurs fois par jour

s'il le faut, permettent d'activer les échanges au maximum et de rétablir l'équilibre
dans le moins de temps possible.

Toutes les *paralysies d'origine centrale
ou périphérique* sont du ressort du Vitalisme.
Ici n'interviennent pas seulement la douceur et la régularité des ondes électriques,
mais aussi la combinaison des autres agents
des ambiances : chaleur, lumière, magnétisme, etc., suivant les indications parti-
culières.

Ces qualités de douceur et d'innocuité
absolue permettent de soigner certaines
lésions cérébrales, comme celles dues à
l'athérome, qui désagrègent peu à peu le
cerveau et ruinent, par degrés, les facultés
intellectuelles et la puissance fonctionnelle
de l'organisme en général.

Pour les *maladies de la moelle épinière,
atrophies* ou *tabès*, la rééducation des muscles ne sera jamais mieux faite que par nos
soins. La Médecine Nouvelle a enregistré
dans ses annales des cas de guérison d'*ataxie
locomotrice* très anciens, entrepris après
l'échec de tous les traitements connus. Les
plaques dynamodermiques et les dynamo-
vitaux constituent les appareils de choix

pour la majorité des affections médullaires.
Les plaques vitalisées, s'adressant plus spécialement à l'élément douleur, ont vite raison des douleurs fulgurantes du thorax et
des membres. Les dynamo-vitaux stimulent
surtout l'action trophique du système nerveux et activent les réparations organiques.
Voilà ce que ne donnent pas les procédés
purement électriques. Aussi les abandonne-
t-on dans le traitement de l'ataxie ; de même
que la pendaison et le massage, qui ont eu
leur moment de vogue, pour préconiser la
gymnastique raisonnée, assurément plus
rationnelle, mais tout à fait insuffisante.

Il n'y a donc pas d'équivoque.

*Nos éléments de thérapeutique sont : l'élec-
tricité, la chaleur, le magnétisme, la lumière,
et tout ce que la nature met en œuvre pour
donner la vie et l'entretenir chez tous les
êtres vivants.* Le Vitalisme choisit dans ces
ambiances celles qui conviennent pour chaque cas et les distribue suivant les besoins.

Disons, pour terminer ce travail, que le
dosage des appareils vitalistes est l'objet
d'études et de perfectionnements incessants.
Une usine, spécialement construite et amé-
nagée dans ce but, fabrique toutes les pièces

des appareils, depuis les plus grosses jusqu'aux plus petites. Une jolie petite rivière,
la Brenne, donne la force motrice qui met
en marche tous les métiers. C'est dans le
calme absolu de la belle campagne de Tou-
raine que ces pièces sont assemblées et que
les appareils sont réglés à l'échelle bio-
métrique, d'abord par un ingénieur, et par
nous-même ensuite. Ces appareils sont revus
soigneusement à leur arrivée à la Médecine
Nouvelle et de nouveau contrôlés avec les
tables de Grotius.

L'usine électrogénique de Vernou-sur-
Brenne est d'un bout de l'année à l'autre en
mouvement, comme une ruche dans la
belle saison. C'est là qu'on élabore aussi le
vaillant petit journal *la Médecine Nouvelle*,
qui va faire connaître aux quatre coins du
monde les bienfaits de notre méthode et
renseigne toutes les semaines sur nos travaux.

Après vingt ans de lutte pour la bonne
cause, nous ne pouvons nous empêcher
d'exulter aujourd'hui en constatant le chemin déjà parcouru. C'est au cœur même
du Vitalisme, à Vernou-sur-Brenne plus
encore qu'à Paris, rue de Lisbonne, que nous

nous plaisons à évoquer les souvenirs de nos étapes scientifiques. Tout nous dit que l'idée à laquelle nous avons voué tous les efforts de nos cerveaux, poursuit sa marche ascensionnelle, malgré les calomnies des jaloux. Nous sommes déjà une école avec laquelle on compte ; et il nous est permis d'entrevoir le jour où le Vitalisme sera glorifié comme le seul guérisseur, tant est irrésistible la force de la vérité.

S. FABER.

11-1-03. — Tours, Imprimerie E. Arrault et Cⁱᵉ.

www.ingramcontent.com/pod-product-compliance
Lightning Source LLC
LaVergne TN
LVHW012213170726
843503LV00005B/2046